AF324821

EDICT DV ROY,

PORTANT CREATION EN TILTRE D'OFFICE EN CHACVNE

Eslection en chef de ce Royaume d'vn Conseiller & premier Esleu Assesseur, d'vn Conseiller Esleu, d'vn Aduocat & d'vn Procureur de sa Majesté où il n'y en a de pouruueuz; Ensemble la supression des offices de Commissaires examinateurs creez esdites eslections.

Verifié en la Chambre des Comptes &
Cour des Aydes.

A PARIS,

Chez F E D. M O R E L, & P. M E T T A Y E R,
Imprimeurs ordinaires du Roy.

M. DCXXII.

Auec Priuilege de sa Maiesté.

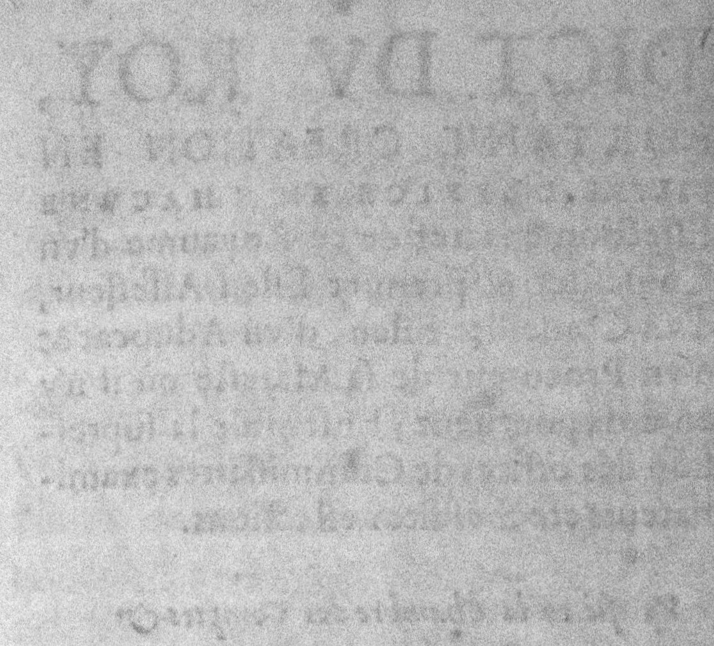

OVIS par la gra-
ce de Dieu Roy
de France & de
Nauarre, A tous
presens & à ve-
nir, Salut. Estant
obligé pour la
conseruation de nostre auctorité &
dignité Royale, & pour affermir la
tranquillité publique, de continuer
les progrez que nous auons par la
grace de Dieu commancé pendant
les deux annees dernieres, & reduire
par la force des armes & de la Iustice,
les villes rebelles de nostre Royaume
dans le deuoir d'obeissance vers nous

& nos successeurs Rois, de mettre sus
& entretenir plusieurs armees tant
sur terre que sur mer, faire des pre-
paratifs de vaisseaux, artilleries & autres munitions & equipage de guer-
re, & pour subuenir à ces despenses
auoir recours à des moyens extraordinaires dont nous puissions tirer
quelque notable somme de deniers,
nous auons estimé qu'en ordonnant
vne augmentation de deux officiers
en chacune eslection de nostre Royaume, nous receurions vn notable
secours qui ne surchargeroit aucu-
nement nostre peuple, si le fonds des
gages, taxations ordinaires & droicts
de cheuauchee desdits officiers se
prenoit sur le reuenu ordinaire de
nos Finances. Sçauoir faisons qu'ayāt
mis cet affaire en deliberation en nostre Conseil d'Estat, assisté de la Roi-
ne nostre tres-honoree dame & me-

re, des Princes de noſtre ſang, d'aucũs
officiers de noſtre couronne, & autres
grands & notables perſonnages de
noſtredit Conſeil : Nous de leur aduis & de noſtre certaine ſcience, pleine puiſſance & auctorité Royale,
Avoɴs par le preſent Edict perpetuel
& irreuocable, creé, & erigé, creons
& erigeõs en tiltre d'office formé, vn
noſtre Conſeiller & premier Eſleu
Aſſeſſeur, & vn autre noſtre Conſeiller Eſleu en chacune eſlectiõ en chef
de noſtredit Royaume, outre & par
deſſus le nombre des Preſidés, Lieute-
nás, Eſleus & Controolleurs Eſleus ja
creés, & qui doiuent eſtre eſtablis eſ-
dites eſlections ſuiuant nos precedens Edicts & de nos predeceſſeurs
Rois, pour par chacun des pourueuz
deſdits deux offices les poſſeder & e-
xercer auec les anciens officiers, ainſi
& en la meſme forme & maniere

A iij

qu'ils font à prefent , & font tenus
& obligez par nos Edicts & Ordonnances , excepté que ledit Efleu Af-
feffeur aura rang & feance immedia-
rement apres les Prefidens & Lieutenans , & auparauant tous les autres
officiers de l'eflection , & iouïr des
mefmes gages & droicts de cheuauchees que nous auons attribué par
autre noftre Edict du iourd'huy auf-
dits anciens officiers de l'eflection où
lefdits deux offices feront eftablis,
enfemble des taxations ordinaires
pour les departemens du principal
de la taille , taillon & crues ordinaires & extraordinaires , lefquels pour
leuer tout doute & ofter toute con-
fufion , nous voulons & entendons
eftre reglez à raifon de dix liures à
chacun defdits Efleuz pour chacun
departement des fommes de deniers
qui s'impoferont en vertu de chacu-

ne de nos Lettres de commission &
de nos successeurs Rois és eslections
composees de deux cens paroisses
& au dessus, huict liures à chacun de
ceux establis és eslections de cent paroisses, & iusques ausdits deux cens; &
six liures à chacun pour departement
des eslectiõs au dessous desdites cent
paroisses. Voulons aussi que lesdits
Esleuz presentement creez iouïssent
des mesmes exemptions des tailles,
taillon & crues, & des droicts, aydes
de vingtiesme, huictiesme & qua-
triesme, ensemble de toutes autres e-
xemptions, franchises, libertez, pree-
minences, droicts de calcul & signature de roolles, d'espices, adiudica-
tion de baux à ferme & tous autres
droicts, profits, reuenus & émolumés
dont iouïssent nos autres anciens officiers esdites eslections en vertu de
nos Edicts, Ordonnances & Regle-

mens: sans que les apanagers, doüai-
rieres, vsufruictiers ny autres personnes, sous quelque tiltre que ce soit,
puissent pretendre aucune nomina-
tion & prouision, vacation aduenant
desdits offices és lieux de leur apana-
ges & engagement, sous le pretexte
de leurs côcessions & octrois. Et desquels gages, taxations & droicts de
cheuauchees sera d'oresnauant par
chacune annee & à commencer du
premier iour d'Auril prochain laissé
fonds és mains des Receueurs de nos
tailles sur les premiers & plus clairs
deniers de leur recepte, pour en faire
le payement aux pourueuz desdits
offices: Et pour les droicts de calcul
& signature de roolle, seront iceux
assis, imposez & leuez conioincte-
ment auec ceux des autres officiers
desdites eslections qui en ioüissent, à
commencer, sçauoir en la presente
annee

annee pour les creües extraordinaires
qui arriueront au courant d'icelle, &
pour les trois droicts ordinaires & or-
donnez pour les impositions des deniers du principal de la taille, taillon
& creüe y iointe, ensemble les deux
droicts pour les creües comprises en
la commission de la grande creüe ex-
traordinaire, & le droit pour la creüe
des turcyes & leuees à commencer
seulement pour l'annee prochaine, &
selon que lesdites impositions ont
lieu en chacune eslection, le tout sans
diminution de ce qui a accoustumé
& doit apartenir ausdits anciens officiers pour tous leursdits gages, taxations & droicts Et sur ce que nous
auons esté aduertis qu'en aucunes eslections il n'y a qu'vn Aduocat ou
Procureur pour nous, & nõ deux personnes pourueuës separément, comme il est ordonné par l'Edict & De-

claration portant la creation & esta-
blissemét d'iceux offices, des mois de
Iuillet mil cinq cens soixante & dix-
huict & vingt-huictiesme Nouébre
audit an, Nous voulós afin que lesdites Esleêtiôs soiét réplies des officiers
necessaires, qu'il soit pourueu à chacun desdits offices de personne capa-
ble pour en iouïr aux gages attribuez
par nostre autre Edict du iourd'huy,
& aux mesmes droicts, taxations, pri-
uileges, exemptions dont iouïssent
les pourueus de pareils offices suiuant
ledit Edict & Declaration & autres
depuis interuenues. Et pour donner
plus de moyen à nos subiets qui de-
sireront entrer esdits offices de les leuer, Nous voulons que ceux qui en
seront pourueuz ioüïssent du benefi-
ce du droict annuel le reste de la presente annee & la prochaine entiere,

sans payer aucuns deniers en nos parties casuelles ny ailleurs, & que pour chacune des six annees suiuantes ils ne soient tenus de payer autre finance que celle que payent à present les autres Esleus de mesme eslection, sans nous faire aucune auance ny prest. Et moyennant la creation desdits deux Esleus nous auons esteint & suprimé, esteignons & suprimons par ledit present Edict au profit des Presidens, Lieutenans, Esleus & Conteroolleurs Esleus, les offices de Commissaires Examinateurs creez en chacune eslection, par Edict du mois de Ianuier mil cinq cens quatre vingts dix-huict, pour estre d'oresnauant l'exercice & function de ladite charge d'Examinateur reünie & incorporée à celle desdits officiers, tout ainsi qu'ils en iouïssoient auparauant ledit Edict: les pourueus desquels offices de Commiſſaires Examinateurs, ſeront rembourſez de la finance qu'ils ont payee en nos coffres pour la cõpoſitiõ de leurs offices, frais & loyaux couſts, auparauant que d'eſtre depoſſedez : Et à ceſte fin ſeront tenus de raporter dans quinze iours pardeuãt nos amez & feaux Conſeillers, les Preſidens & Treſoriers generaux de France, leurs lettres de prouiſion & copie des quittances de leurdite finance, pour proceder à la liquidation de ladite finance, & ordonner ledit rembourſement, lequel ſera fait dans leur generalité par celuy de nos officiers que nous y commettrons, ſans que cy apres leſdits offices de Commiſſaires Examinateurs puiſſent eſtre reſtablis pour quelque cauſe & occaſion que ce ſoit.

Sɪ donnons en mandement à nos amez & feaux Conſeillers les gens de nos Comptes & Cour des Aydes à Paris, Prefidens & Treforiers generaux de France des generalités de ce Royaume, que le prefent Edict ils facent chacun endroit foy & comme à eux apartiendra, lire, publier & regiftrer, & du contenu en iceluy iouïr & vfer pleinement & paifiblement les pourueus defdits offices, fans permettre qu'il leur foit fait ny donné aucun trouble ny empefchement, nonobftant oppofitions ou appellations quelconques, & tous Edicts & autres Lettres à ce contraires, aufquelles & à la derogatoire des derogatoires y côtenues, Nous auons derogé & derogeons par cefdites prefentes. Et pource que d'icelles on pourra auoir befoin en plufieurs & diuers lieux, Nous voulons que fur les copies deuëment collationnees par l'vn de nos amez & feaux Con-

seillers & Secretaires, ou faictes sous
seel Royal, foy soit adioustee cóme
au present original: Auquel afin que
ce soit chose ferme & stable à tous-
iours, Nous auons faict mettre nostre seel à cesdites presentes. Sauf en
autres choses nostre droict, & l'autruy
en toutes. Car tel est nostre plaisir.

Donné à Paris au mois de Feurier
l'an de grace mil six cens vingt deux.
Et de nostre regne le douziesme.
Signé,   LOVIS.
Et sur le reply,   Par le Roy.
        DE LOMENIE.
Et à costé,   Visa.

Et seellé en cire verte sur lacs de
soye rouge & verte.

Et sur ledit reply est encore escrit:

*Leuës, publiees & registrees en la
Chambre des Comptes, ouy le Procu-*

reur general du Roy suiuant l'Arrest de ce
faict, le seziesme iour de Mars mil six
cens vingt-deux.

Signé,   BOVRLON.

Et encor sur le reply du duplicata
est escrit :

Leu, publié & registré par le commandement du Roy, porté par monsieur
le Comte de Soissons, venu expres en ladite Cour, assisté des sieurs de Caumartin,
& de Champigny, Conseillers au Conseil
d'Estat de sa Majesté, ouy & consentant
le Procureur general. A Paris en la Cour
des Aydes les Chambres assemblees, le dix-
neufiesme iour de Mars mil six cens vingt
deux.

Signé,   PAVLMIER.

EXTRAICT DES REGISTRES
de la Chambre des Comptes.

VEV par la Chambre les Lettres patentes du Roy en forme d'Edict, dōnees à Paris au mois de Feurier dernier, signees, LOVIS. Et sur le reply, Par le Roy, De Lomenie : Par lesquelles, & pour les causes y contenues, sa Majesté a creé & erigé en tiltre d'Office formé vn Conseiller & premier Esleu Assesseur, & vn autre Conseiller Esleu en chacune Esle-ction en chef de ce Royaume, outre & par dessus le nombre des Presidens, Lieutenãs, Esleus, & Côtroolleurs Esleus ja creez, & qui doiuent estre establis esdites Eslections, pour en iouyr auec les autres Officiers, en la mesme forme & maniere qu'ils sont à present, & des gages, & taxations, priui-leges & émolumens y attribueZ. Veut aussi que és Eslections où il n'y a qu'vn Aduocat & Procureur pour sa Majesté,

les

les places soient remplies de personnes capa-
bles, & moyennant la creation desdits
deux Esleus, a esteint & supprimé les offices de Commissaires examinateurs, creez
en chacune Eslection par Edict du mois de
Ianuier mil cinq cens quatre vingts dix-
huict, pour estre vnis & incorporez à ceux
des Presidens, Lieutenans & Esleus, &
que les pourueus desdits offices soient remboursez de la finance qu'ils ont payee és
coffres de sa Majesté, sans qu'ils puissent
estre restablis, comme plus au long le con-
tiennent lesdites Lettres. Requestes presen-
tees, tant par les President, Lieutenant, Es-
sleus en l'Eslection de Paris, que par les
Presidens & Esleus de plusieurs autres Eslections y denommees, Arrests interuenus
sur icelles des treize & quatorziesme de ce
mois, par lesquels ladite Chambre les a re-
ceus opposans à la verification dudit Edict,
& d'autre Edict aussi presenté en ladite
Chambre, sur le reglement & reduction de

leurs gaiges, & ordonné qu'ils en auroient
communication par les mains du Rappor-
teur sans retardation du iugement d'iceux.
Causes d'opposition par eux fournies, le
roolle des Officiers de ladite Eslection de
Paris contenant le nombre de dix-sept,
dont deux Esleus supernumeraires, Con-
clusions du Procureur general du Roy. Et
tout consideré: La Chambre a ordonné &
ordonne que lesdites Lettres en forme d'E-
dict, seront leües, publiees & registrees,
ouy le Procureur general du Roy, sous les
modifications qui ensuiuent: A sçauoir que
sous le bon plaisir du Roy, ledit Edict n'aura point de lieu pour l'Eslection de Paris,
& que les Presidens, Lieutenans & Esleus des autres Eslections pourront par pre-
ferance à tous autres, leuer les deux Offices
creez en leurs Eslections, suiuant la taxe
qui en sera faicte au Conseil, Que les Officiers qui seront pourueus en vertu dudis
Edict, n'auront rang ny seance que du iour

de leurs receptions, qu'il ne pourra estre
pourueu aux offices d'Aduocat du Roy és
Eslections où les Procureurs de sa Maiesté
les auront reünis à leurs Offices, & que les
offices de Commissaires examinateurs aussi
cy deuant creez esdites Eslections par
Edicts verifiez en ladite Chambre, ne
pourront estre supprimez ne remboursez,
& à la charge que les deniers prouenans
dudit Edict, seront vtilement employez à
l'entretenement des armees de sadite Maiesté, sans qu'ils puissent estre diuertis, à
peine d'en respondre par les ordonnateurs
& comptables en leur propre & priué
nom. Faict les deux Bureaux assemblez,
le seiziesme iour de Mars, mil six cens
vingt-deux.

Signé,   BOVRLON.

LOVIS par la grace de Dieu, Roy de France & de Nauarre, A nos amez & feaux Conseillers les gens de nos Comptes à Paris, Salut. Par nostre Edict du mois de Feurier dernier, nous auons creé & erigé en tiltre d'office formé, vn nostre Conseiller & premier Esleu Assesseur, & vn autre nostre Conseiller Esleu en chacune Eslection en chef de nostre Royaume, outre & pardessus le nombre des Presidens, Lieutenans, Esleus, & Controolleurs Esleus ja creez, & qui doiuent estre establis esdites Eslections, suiuant nos precedens Edicts & de nos predecesseurs Roys, duquel vous ayant faict l'adresse pour le verifier & faire registrer, au lieu de suiure en cela ce qui estoit de nostre

vouloir & intention portez par ledit
Edict vous auez iceluy verifiant mo-
difié les clauses & conditions y contenues, Et à ceste occasion d'autant
retardé le secours duquel nous auiós
faict estat en la necessité presente de
nos affaires. Ce qu'ayant esté meure-
mét consideré en nostre Conseil, De
l'aduis d'iceluy & de nostre certaine
science, pleine puissance & auctorité
Royale, Voulons, vous mandons, &
tres-expressémét enioignons par ces
presentes, que sans vous arrester à
vostredit Arrest ny aux causes moti-
ues d'iceluy, & tout ce que vous nous
pourriez sur ce dire & remonstrer,
que nous tenons pour bien entendu,
vous ayez toutes affaires cessantes &
postposees, & sans attendre de nous
autre plus expresse declaration de
nostre vouloir & intention, à leuer
& oster les modifications portees par

voſtredit Arreſt , clauſes & conditions contenues en iceluy, ſans plus
y apporter aucun retardement ny
difficulté : nonobſtant toutes Ordonnances, Reglemens & Lettres à
ce contraires, auſquelles à la derogatoire de la derogatoire y contenue,
nous auons derogé & derogeons par
ces preſentes : Car tel eſt noſtre plai-
ſir. Donné à Paris le dix-huictieſme
iour du mois de Mars, l'an de grace
mil ſix cens vingt-deux. Et de noſtre
regne le douzieſme. Signé, LOVIS.
Et plus bas, Par le Roy , en ſon Conſeil, DE LOMENIE. Et ſeellée du
grand ſeeau de cire iaulne, ſur ſimple
queüe. Et à coſté eſt eſcrit,

Regiſtrees en la Chambre des Comptes
ce conſentãt le Procureur general du Roy
par commandement de ſa Maieſté, port
par Monſieur le Prince de Condé, ven

expres en ladite Chambre, assisté des sieurs
de Chasteauneuf & President Ieannin,
Conseillers en ses Conseils d'Estat &
Priué, le dix-neufiesme iour de Mars
mil six cens vingt-deux.

Signé,   BOVRLON.

Collationné aux originaux, par moy Conseiller,
Notaire & Secretaire du Roy.

www.ingramcontent.com/pod-product-compliance
Lightning Source LLC
LaVergne TN
LVHW010509060726
842527LV00005B/1971

9 782329 248035